UNOFFICIAL AMAZING ACTIVITIES FOR

HARRY POTTER FANS

UNOFFICIAL AMAZING ACTIVITIES FOR

Harry Potter FANS

Puzzles and Games for Hours of Entertainment!

BRIAN BOONE

SKY PONY PRESS

NEW YORK

UNOFFICIAL AMAZING ACTIVITIES FOR HARRY POTTER FANS
Copyright © 2020 by Hollan Publishing, Inc.

Sky Pony Press books may be purchased in bulk at special discounts for sales promotion, corporate gifts, fund-raising, or educational purposes. Special editions can also be created to specifications. For details, contact the Special Sales Department, Sky Pony Press, 307 West 36th Street, 11th Floor, New York, NY 10018 or info@skyhorsepublishing.com.

Sky Pony® is a registered trademark of Skyhorse Publishing, Inc.®, a Delaware corporation.

Visit our website at www.skyponypress.com.

10 9 8 7 6 5 4

Library of Congress Cataloging-in-Publication Data is available on file.

Cover design by Brian Peterson

Paperback ISBN: 978-1-5107-6196-4

Printed in China

THIS MAGICAL WORKBOOK

belongs to

〜〜〜〜〜〜〜〜〜〜〜〜〜〜〜〜〜〜〜

TEACHER FEATURE

Here's a classic crossword puzzle, with a theme. The answers to all of the clues — to be placed in boxes going across and down — are the names of professors, teachers, and staff members of Hogwarts School of Witchcraft and Wizardry.

ACROSS

5 Caretaker

7 A healer

10 Care of Magical Creatures (Harry's first year)

11 Divination

12 Defense Against the Dark Arts (if he can remember)

13 Potions

DOWN

1 Defense Against the Dark Arts (don't get "angry")

2 Transfiguration

3 History of Magic

4 Defense Against the Dark Arts (think pink)

6 Care of Magical Creatures

8 Herbology

9 Charms

12 Defense Against the Dark Arts (but not during a full moon)

BERTIE BOTT'S EVERY FLAVOR MAZE

Make your way through the maze of Bertie Bott's Every Flavor Beans. Go for the grape, lemon, and orange ones, but avoid earwax, vomit, and grass!

HARRY POTTER AND THE SEARCH FOR THE MISSING WORDS

In this jumble of letters are hidden a bunch of words you'd find in the titles of various Harry Potter books and spinoffs. Find them all!

Azkaban
Beasts
Blood
Chamber
Child
Cursed
Deathly
Fantastic
Fire
Goblet
Half
Hallows
Order
Phoenix
Prince
Prisoner
Secrets
Sorcerers
Stone

```
T H T S N T K V B X C A F Q F C Y P A C
X F B F Q E X Q A I N V F D Q C V P R H
W A T K M F I M T L E E Z Z N D M H S A
S Z W R B R T S I H M Y G D J O G R D M
U E O U D E A I R B R V A D Z O M F A B
E K W L G T S T E R C E S Z O L I Z J E
Y R I F N P R I N C E P C C K B O E Y R
J H I A R E D R O W E E D F W A S H T R
C I F F O Y Q C N L D X P E J M B U C W
C R F D P H E H P I B O K R S J T A D Y
S W O L L A H C H T U D J U I R N U N H
R U G I Q C U F O O X B R Q N S U V Y K
O Y X R O U C C E B E A S T S R O C R G
S W M B V D D Y N A G G R R P K Y N D Y
J B R T X E U T I Z E J E M R G D O E R
H E D Q A H L M X V Q C Y O H O T Z K R
X O X T A W F Z U Y C F S S K B O E Z Y
J W H L S R E R E C R O S Z X L V P S K
M L F J G H P C E N O T S J G E W B N D
Y P Y V N W D O O A Z X P T O T Q D G D
```

CONNECT THE DOTS: SEND A MESSAGE

Connect the dots to find out the best way for a wizard or witch to communicate. Color it in when you've connected all the dots!

MAGIC POST

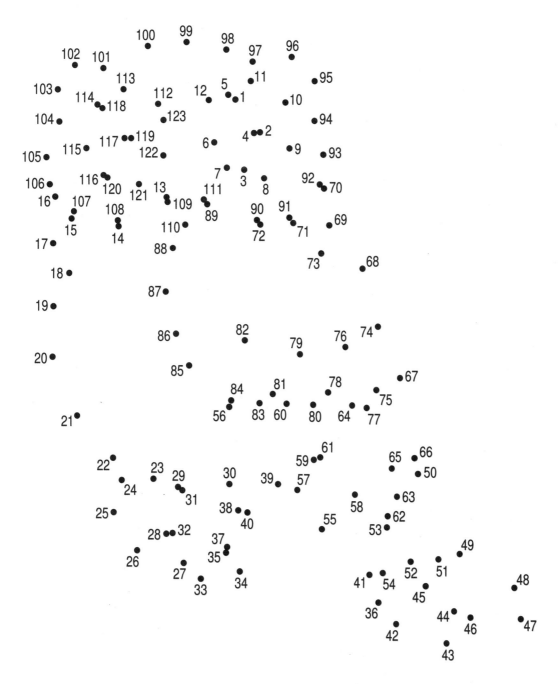

WORD LADDER

Turn BROOM into FLEUR one letter at a time. The answer to each clue is very much like the word above it, but one letter has changed. (If you get stuck, work from the bottom up!)

B R O O M

1 What magical plants do
__ __ __ __ __

2 Draco prefers the pure kind
__ __ __ __ __

3 What Myrtle does to the bathroom
__ __ __ __ __

4 Hogwarts's is covered in stone tiles
__ __ __ __ __

5 Ron loves bread made of this
__ __ __ __ __

F L E U R

EXPECTO PATRONUM!

Color in the hare patronus below. The hare patronus belongs to Nymphadora Tonks.

SQUARED UP: HOUSE GHOSTS

Each of the four house ghosts of Hogwarts in this puzzle can appear just once in each row, each column, and each of the four smaller boxes. Fill in the remaining empty boxes with the initials to represent each ghost.

NN = Nearly-Headless Nick

BB = The Bloody Baron

GL = The Grey Lady

FF = The Fat Friar

	GL		
	NN	BB	GL
	BB	FF	
NN		GL	

MAGICALLY DELICIOUS

This puzzle is about the sweet treats and fantastic foods in the Wizarding World. For each entry, unscramble the letters to reveal the name of a magical delicacy. Then take the letters that end up in the numbered boxes and use them to spell out a particular favorite of Harry's.

G A H T O C S E F O C L R O

☐☐☐☐☐☐☐☐☐☐☐☐☐☐
　　　　　3　　　　10

T E S N W G I E G R N

☐☐☐☐☐☐☐☐☐☐☐
　　　　　　4

D I O S A R L E N C C W I

☐☐☐☐☐☐☐☐☐☐☐☐☐
　　　6

L U R L U I A Q G S S

☐☐☐☐☐☐☐☐☐☐☐
　　　2

N E P K U C P I J I M U

☐☐☐☐☐☐☐☐☐☐☐☐
　　　　　　　　8

V E E V O M R E F R A S B Y L A

☐☐☐☐☐☐☐☐☐☐☐☐☐☐☐
9　　　　　　　　　1

W E B G I E H I Z I F S Z N Z

☐☐☐☐☐☐☐☐☐☐☐☐☐☐
　　　　　　　　　7　5

☐☐☐☐☐☐☐☐☐☐
1　2　3　4　5　6　7　8　9　10

CONNECT THE DOTS: HOUSE PROTECTOR

Connect the dots to come face to face with a clever creature. Color it in when you've connected all the dots!

MAGICALLY PLACE THE ENCHANTED THINGS

For this puzzle, identify each picture of a magical world object, and then place the name of that thing into the puzzle.

ACROSS

2

3 letters

4

5 letters

5

5 letters

6

3 letters

7

5 letters

8

7 letters

9

7 letters

DOWN

1

4 letters

3

9 ¾

8 letters

4

11 letters

PICK YOUR POTION

Harry, Ron, and Hermione need a bottle of Polyjuice Potion, but the bottles in Snape's classroom are unmarked. Can you figure out which is the correct one by following these clues?

1   2   3   4   5   6   7

✳ It's **not** on the far left.

✴ It's surrounded by at least two other bottles on each side.

✳ It isn't a Gryffindor house color.

✷ It's wider than the bottles next to it.

The answer is Potion number _____.

AROUND HOGWARTS

Here's a classic crossword puzzle, with a theme. The answers to be placed in the boxes going both across and down are the names of places in or close to Hogwarts School of Witchcraft and Wizardry.

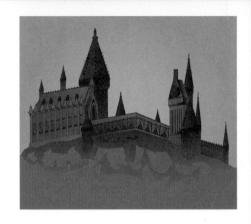

ACROSS

4 Room of _____

5 Hermione's favorite place

6 A place to hang out

7 The location of the second task

9 "Wooden" you like to go there?

10 Only the sickest may enter

DOWN

1 Where Herbology class meets

2 For girls (especially Myrtle)

3 _____ Tower

6 Lots of these, where learning occurs

8 Where quidditch is played

DRAGON'S DEN

Each of these dragons is protecting an entrance to the maze. At the end of the maze is a golden egg. Which dragon is protecting the right path?

GREAT GRYFFINDORS

In this word puzzle are hidden the names of various witches and wizards assigned to Gryffindor house during their time at Hogwarts. Can you find them all?

Colin

Dean Thomas

Dumbledore

Ginny

Godric

Harry

Hermione

James and Lily

Longbottom

Lupin

McLaggen

Percy

Ron

Seamus

Sirius

Weasley Twins

```
G O D R I C C Q E Z N Y P X S P S N B W
R Q U V T T W Q R R J S J Z E G W W V V
B Q P K V G L E F Q O E P R A S Z I P L
U N V Z G P O K A P T D C P Y D I T O A
P X E O R S X D B S P Y E G G I B N Q J
Q M M N A W N S U T L Q A L N W G N T G
F F X M M P O L B Q W E S K B B O K F K
Y H V H L Q R T W S Y Q Y G O M X L P J
Y J A M E S A N D L I L Y T R E U W C N
S A M O H T N A E D A R T P W K D D O Y
H T G M C L A G G E N O I S C I N P W F
R A D D Y M I B B S M C M U U M N H A S
N I L O C N I P U L G B D W S Q E S I E
L C W D Y S O W C C Q D C E L R X N T A
G G V R A B M I H V K X L D M U C A B M
C I R B Z X J D M K F Z Y I G E R M E U
C A N C P S A W A U D Z O W D Y G Y D S
H A S N Q C P H M F O N S N L W U Q J W
W D X I Y M S B D I E Q H V L Y I X U I
I V S V D T E C X A R S Y Q Z V T W P E
```

RADIANT RAVENCLAW

In this word puzzle are hidden the names of various witches and wizards assigned to Ravenclaw house during their time at Hogwarts. Can you find them all?

Chochang

Flitwick

Gilderoy Lockhart

Grey Lady

Helena
Luna Lovegood

Myrtle

Ollivander
Padma Patil

Quirrell

Rowena

Trelawney

Wildsmith

```
A K U I O H F F X I H J L P C H J H J K
K L D H E O K I P F A T V A G X E Y O F
K S U L G K A S B L U V I D U Q Y L T V
D A E N K R T B L H M W V M U Z L W S P
H N Z K A V E E X K N R B A S I C N U R
A Q X T U L R Y O O Y A P P V D J S H Q
G I L D E R O Y L O C K H A R T L G N G
U K B S I L Y V F A W N T E T Z I B N
J X M U V K Z S E W D D K I T G X Q W A
L F Q F L D C T I G E Y E L T R Y M J H
G G J W D S X T H R O B J T H G M W A C
F L I T W I C K F N D O C N E T U Z F O
J Y T T S F F Q J R V A D W O N I Z E H
V J M H Y R R Q J F S P L I V I I R X C
X I V J Y D U F H U A I C K I A A R N P
B W K B N E X N E I L I C W Y R P O X P
N A A I F I D Z S R U H C Z V L Z W I Z
W Q B X Y Z M O M A P Q A M J H N E S T
H K U N C S Z B Y E N W A L E R T N O M
H H O Q L D D T Z D O J Q D D J Y A L Q
```

SQUARED UP: SORT WITH THE SORTING HAT

Each of the four Hogwarts houses in this puzzle can appear just once in each row, each column, and each of the four smaller boxes. Fill in the remaining empty boxes with the first letter to represent each house.

G = Gryffindor

S = Slytherin

H = Hufflepuff

R = Ravenclaw

S	H		R
	G		
G		S	
H			G

BAD GUYS (AND GALS)

Here's a classic crossword puzzle, with a theme. The answers to be placed in the boxes going both across and down are the names of the most villainous (and all-around bad) witches and wizards from the world of witches and wizards.

ACROSS

4 Slytherin dad

5 Privet Drive boy

7 Dumbledore's first nemesis

10 Harry's school rival

11 She loves tea and hates Harry

12 The Dark Lord

14 Voldemort's army

15 What a snake!

DOWN

1 His name means to hunker down

2 Diary writer

3 _____ Lestrange

6 A real rat

8 The biggest of what Ron hates

9 Prison guard

13 Privet Drive adult

CONNECT THE DOTS: HOGWARTS

Connect the dots to see the place Harry loves most. Color it in when you've connected all the dots!

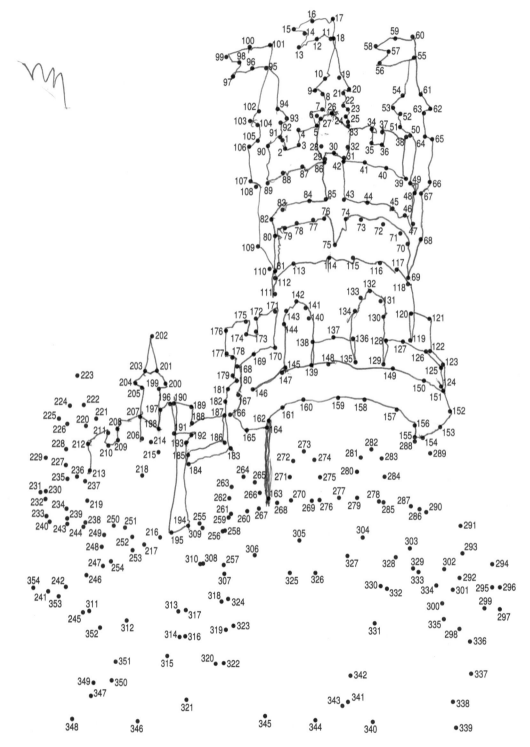

GET INTO GRINGOTTS

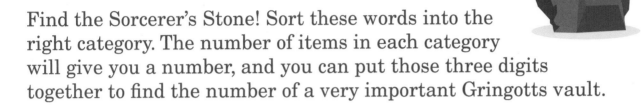

Find the Sorcerer's Stone! Sort these words into the right category. The number of items in each category will give you a number, and you can put those three digits together to find the number of a very important Gringotts vault.

Xylomancy

Invisibility Cloak

Magical Theory

Transfiguration

Study of Ancient Runes

Divination

Alchemy

Defense Against the Dark

Arts

Resurrection Stone

Draco Malfoy

Elder Wand

OFFICIAL HOGWARTS CLASSES	CHILDREN OF LUCIUS AND NARCISSA MALFOY	DEATHLY HALLOWS
_____	_____	_____
_____	_____	_____
_____	_____	_____
_____	_____	_____
_____	_____	_____
_____	_____	_____

Gringotts vault number : _____

SEEK OUT
THE SLYTHERINS

In this word puzzle are hidden the names of various witches and wizards assigned to Slytherin house during their time at Hogwarts. Can you find them all?

Bellatrix

Bloody Baron

Bulstrode

Crabbe

Draco

Gaunt

Goyle

Lucius

Malfoy

Pansy

Regulus

Salazar

Scorpius

Slughorn

Snape

Tom Riddle

Umbridge

```
X B R V E M T H E G I G E X W J W X B P
O E N E A K H E R D S U I C U L S B F A
B M L L H E I Q X E O E V C K F U N O N
U G F R Q C X S L Q P R H V A A I Z T S
Y O M U M D V A A B X Q T K I K J O T Y
Y E X Y B X T K O L U J H S E R M U E L
G Y B B G E C V G O A K D K L R N V N R
W R P B P A R D E O I Z B N I U R N G K
H B C A A Y U Y T D J H A D M R B R M L
U C N P Q R U N U Y T R D R G E R O M O
T S F H G M C S T B Y L D T G G H H W G
R Y D F W R H X S A E K Z D U U L G S B
X I R T A L L E B R M W I I P L T U O R
H T L L T P Q B P O E R X W I U T L C D
S C O R P I U S M N B K V I W S Q S A F
E R P P Q T E L H M G S G X R B T E R P
A G O Y L E S Z U K E S O E V K C A D Z
U Q T C W C I R R R D B F F E W Z J P K
P J I E P O H B U U O K I M X O Q L M M
E L A R O P W N A H R R B F D R D U Y A
```

EXPECTO PATRONUM!

Color in the otter patronus below. The otter patronus belongs to Hermione Granger.

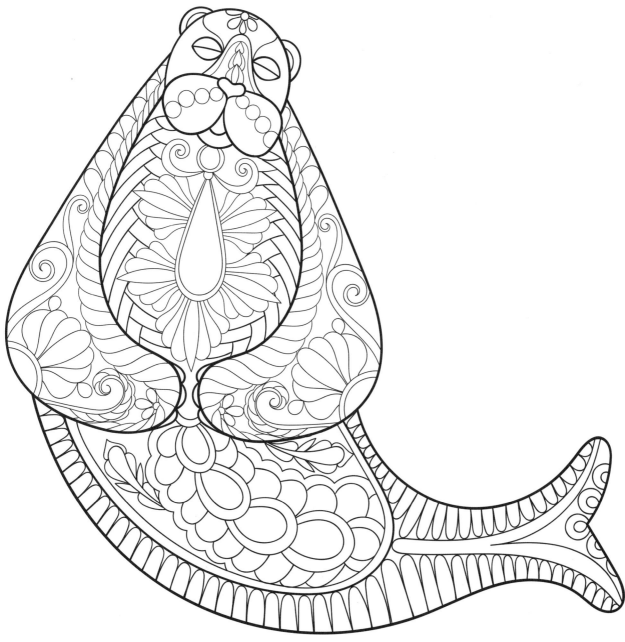

SNAPE SAYS...

If you've ever played "Simon Says" then you should know how this game works. Follow only the directions that begin with "Snape Says" and the words that remain should have something in common.

	1	2	3	4	5
A	Quaffle	Scabbers	Giants	Bill	Crucio
B	Unicorns	Bludger	Percy	Goyle	Shapeshifters
C	Snitch	Trolls	Ginny	Reducto	Centaurs
D	Imperio	Fluffy	Goblins	Eeylops	Olivander's
E	Werewolves	Expulso	Vampires	Crabbe	Fawkes

1 Snape says cross off all the quidditch terms in row B and in column 1.

2 Eliminate creatures with hooves.

3 Snape says cross off all the curses.

4 Snape says cross off all the Diagon Alley shops.

5 Snape says cross off all the Slytherins in column 4.

6 Cross off all words that start with a "D."

7 Snape says cross off Weasley kids in column 3 and 4.

8 Snape says cross off the pet names column 2 and row E.

What's similar about the remaining words?

_____

CONNECT THE DOTS: FRIENDLY FIGURES

Connect the dots to see a familiar Animagus.
Color it in when you've connected all the dots!

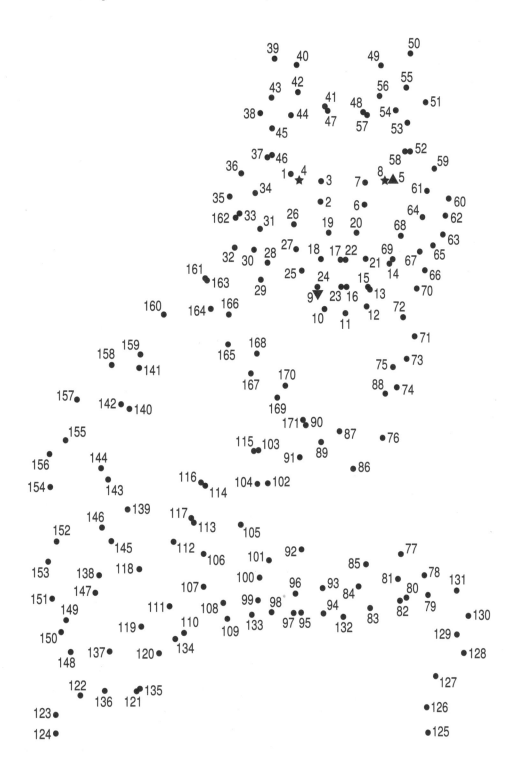

SPELL THE SPELLS

Below are some familiar spells from the world of Harry Potter. Well, sort of…because none of these spells is correctly **spelled**. They've all got an extra letter. Determine which letter doesn't need to be in each entry and then use it spell out the answer to the following question.

What place in the wizarding world is more golden than a snitch?

*_____

1 Accigo   _____ ____

2 Alohomorra   _____ ____

3 Lumios   _____ ____

4 Expecto Patronnum   _____ ____

5 Expelliargmus   _____ ____

6 Noox   _____ ____

7 Oblivatte   _____ ____

8 Wingardium Leviotsa   _____ ____

9 Reparso   _____ ____

MAGIC STUFF

Here's a classic crossword puzzle, with a theme. The answers to be placed in the boxes going both across and down are all about enchanted items and objects in the world of Harry Potter.

ACROSS

2 How not to be seen
8 A transformative drink
9 A clock that goes both ways
10 Map user
11 Thrown into a fireplace

DOWN

1 An angry letter
3 A non-train way to get to Hogwarts
4 Dumbledore's memory aid
5 The most powerful wand
6 A glance will tell you what you want
7 Instant travel
8 Harry's is a stag

CATCH THE HOGWARTS TRAIN!

Uh oh, you missed the Hogwarts Express! Follow the maze to catch up to the train before it gets to Hogwarts.

GILDEROY'S GAMBIT

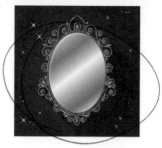

Poor Gilderoy Lockhart. He's trying to write a new book about his brief time at Hogwarts, but he's still plagued by memory loss. In fact, he can't remember anyone or anything by their names, only words that mean roughly the same thing as their name, or that sound alike. Can you figure out what he's talking about?

1 "There was a boy, and he looked like a regular boy, but they called him Furry."

harry

2 "There was another boy. Nothing out of the ordinary, although his name suggested he had an extra-wide rear end."

nevill

3 "Rascally boys! They looked like identical carrots!"

gorge fred

4 "A teacher. Always in a bad mood. His name was...a Serpent?"

snape

5 "The tree boy! He rode a stick made of trees as well. Quite odd."

wood

6 "I'll never forget Professor Plant-Bloom!"

sprout

7 "He taught History of Magic. Mr. Cans, I believe."

binns

8 "The children knew where to live because the Filing Cap told them."

sorting hat

9 "A ghostly figure he was...ah yes. Almost Topless Tommy!"

almost headless nick

10 "You looked at it and it showed you something you wouldn't mind having at all."

FANTASTIC BEASTS (AND HERE'S WHERE TO FIND THEM)

In the puzzle below you'll find the names of the menagerie of creatures looked after by magizoologist Newt Scamander, as written about in his book, *Fantastic Beasts and Where to Find Them*. Now, can you find them?

Billywig

Bowtruckle

Demiguise

Diricrawl

Doxy

Erumpant

Fwooper

Mooncalf

Murtlap

Niffler

Nundu

Occamy

Swooping Evil

Thunderbird

```
D Z M V O O F F Y E E S C E S
G R C U B G L D L Z W D S U H
P M I B R A I K O O T I W X S
N P T B C T C W O X U G Y L R
X S A N R U L P Y G Y I H E R
Z G O J R E I A I L L C P Y N
S O H T U N D M P W L O S I B
M L W X G W E N A K O I F D W
C O O E M D Q R U W S F B I R
B X V O Z Y C K F H L Y B B P
G I O K M I J Z W E T K B C B
L L A A R B S V R U D N U N A
X B C I Q E R U M P A N T I B
Q C D B W A B Z U W G N Y D P
O K A Z P V V S R H K B I G C
```

JOKE SHOP MATH

The wizarding world's money system is as puzzling as every puzzle in the book of puzzles you're holding. You're visiting Weasleys' Wizard Wheezes, and want to buy certain things, but aren't sure if you've got the right amount of muggle money to convert into wizard money. Figure out how much these gags and novelties cost in terms of muggle dollars.

1 galleon = $6.00

1 sickle = .40 cents

1 knut = .02 cents

1 Dungbomb — 3 sickles, 5 knuts — _____

2 Fainting Fancy — 1 galleon — _____

3 U-No-Poo — 1 galleon, 2 sickles, 10 knuts — _____

4 Demon Dung — 1 galleon, 12 sickles, 10 knuts — _____

5 Ten-Second Pimple Vanisher — 2 galleons — _____

6 Pygmy Puff — 3 galleons — _____

7 Extendable Ear — 3 galleons, 5 sickles — _____

8 Decoy Detonator — 4 galleons — _____

9 Skiving Snackbox — 6 galleons, 10 sickles — _____

10 Bang Bang Boggard Banger — 7 galleons, 6 knuts — _____

11 Jinx-Off — 10 galleons — _____

EXPECTO PATRONUM!

Color in the stag patronus below. The stag patronus belongs to both Harry Potter and his father, James.

SQUARED UP: THE WEASLEYS

Each of the nine members of the Weasley family can appear just once in each row, each column, and each of the nine smaller boxes. Fill in the remaining empty boxes with the initials to represent each Weasley.

M = Molly
A = Arthur
B = Bill
C = Charlie
P = Percy
G = George
F = Fred
R = Ron
I = Ginny

I	G	A						B
		C		R		I		
	M		B		G		A	P
M		I		G		P		
F			P	B			R	
P					F		G	I
	I	M		F		B	P	
	P		G	R		I		
R					P	G	F	

CONNECT THE DOTS: BRAVERY

Connect the dots to see the face of the Gryffindor crest. Color it in when it's complete!

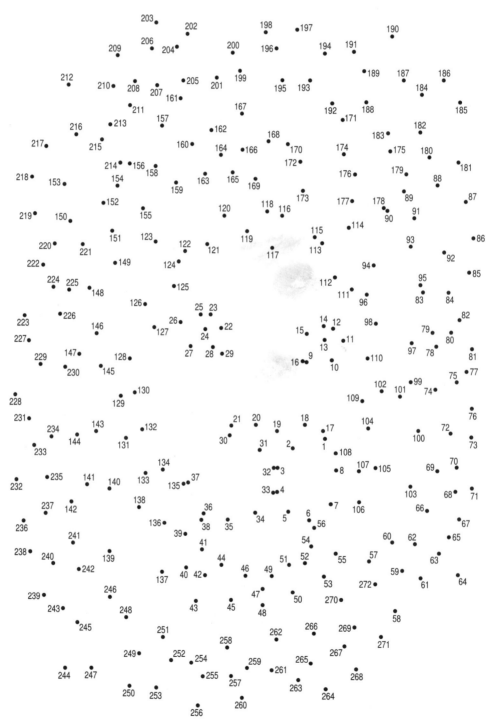

WORD LADDER

Turn SCAR into ROOT one letter at a time. The answer to each clue is very much like the word above it, only one letter has changed. (If you get stuck, work from the bottom up!)

S C A R

1 What you can do on a broomstick   __ __ __ __

2 What the Gryffindor lion would do   __ __ __ __

3 What Harry, Ron, and Hermione did after leaving Hogwarts   __ __ __ __

4 It's one of Requirement   __ __ __ __

R O O T

EXTRA, EXTRA!

Every word in column B contains the same letters as a word in column A...plus one letter. Draw a line between the word "matches," and then write the extra letter on the space next to the line. Then unscramble the column of extra letters to answer this question:

What did Neville Longbottom use to destroy Nagini?

_____

	COLUMN A	COLUMN B
____	Sort all	Coward
____	Confundo	Reveals
____	Draco	Boats
____	Bats	Trolls
____	Leaves	Guards
____	Argus	Confounds

COLOR CLUE

Color each section according to its corresponding clue number. There you'll have to figure out the correct colors to use.

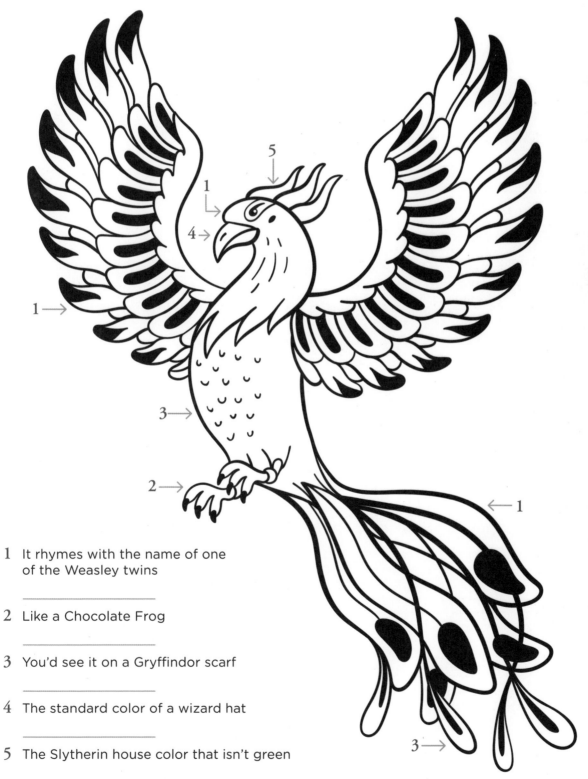

1 It rhymes with the name of one of the Weasley twins

_____

2 Like a Chocolate Frog

_____

3 You'd see it on a Gryffindor scarf

_____

4 The standard color of a wizard hat

_____

5 The Slytherin house color that isn't green

_____

MIDDLE NAMES

Find the middle names of all the characters listed below. The middle names are shown in all capital letters.

Newt ARTEMIS

FIDO Scamander

Harry JAMES Potter

Ronald BILIUS Weasley

Hermione JEAN Granger

Ginny MOLLY Weasley

William ARTHUR Weasley

Percy IGNATIUS Weasley

Tom MARVOLO Riddle

Albus PERCIVAL WULFRIC

BRIAN Dumbledore

Albus SEVERUS Potter

Amelia SUSAN Bones

Cornelius OSWALD Fudge

Dolores JANE Umbridge

Fleur ISABELLE Delacour

Phineas NIGELLUS Black

Regulus ARCTURUS Black

Remus JOHN Lupin

Sybill PATRICIA Trelawney

Draco LUCIUS Malfoy

Teddy REMUS Lupin

Horace EUGENE

FLACCUS Slughorn

Sir Nicholas DE MIMSY

Porpington

Myrtle ELIZABETH Warren

```
N  I  T  I  G  N  A  T  I  U  S  D  O  S  E  E  S  N  T  M
N  A  S  T  A  N  D  F  O  R  A  N  Y  T  U  N  H  I  N  O
A  S  S  G  P  F  W  N  F  A  C  S  P  G  K  R  E  O  M  L
I  U  C  U  P  I  V  V  E  H  U  D  T  C  J  E  E  G  D  L
R  C  Q  Z  S  T  R  V  K  L  U  Z  A  I  U  W  C  V  U  Y
B  C  P  J  L  E  M  W  L  N  P  A  T  R  I  C  I  A  E  E
R  A  L  O  O  C  S  E  M  X  E  Q  O  F  J  X  C  I  U  S
U  L  O  S  Z  H  G  O  L  X  K  T  W  L  X  V  I  L  F  U
H  F  U  M  J  I  N  Z  R  Q  O  S  W  U  Z  Y  N  S  B  S
T  C  W  M  N  O  M  I  H  T  M  H  O  W  Y  Y  P  M  P  U
R  D  E  M  I  M  S  Y  S  F  K  T  Z  S  J  E  S  D  M  I
A  D  C  K  F  X  B  U  I  W  I  E  T  V  W  E  D  J  A  C
J  R  Q  E  L  G  I  D  N  P  S  B  A  J  M  A  A  E  R  U
Z  C  Q  E  V  L  O  I  X  Q  A  A  B  A  W  E  L  N  V  L
P  E  R  C  I  V  A  L  P  Q  B  Z  J  X  N  I  T  D  O  V
M  E  U  B  R  E  M  U  S  P  E  I  F  A  U  Z  C  T  L  E
J  H  D  K  D  E  M  V  M  F  L  L  J  E  H  U  S  R  O  F
A  R  C  T  U  R  U  S  A  D  L  E  M  U  J  D  R  S  F  T
A  R  T  E  M  I  S  I  O  N  E  Q  K  G  A  X  V  V  T  T
O  L  Y  H  C  W  W  D  Z  D  J  U  O  Z  Q  Y  T  Z  G  T
```

THE THIRD TASK MAZE

The third task of the Triwizard Tournament: Navigate a maze on the quidditch pitch, but avoid the Boggart (in the form of a Dementor), and the Acromantula, in order to reach the Triwizard Cup. Avoid those obstacles as you make your path to victory!

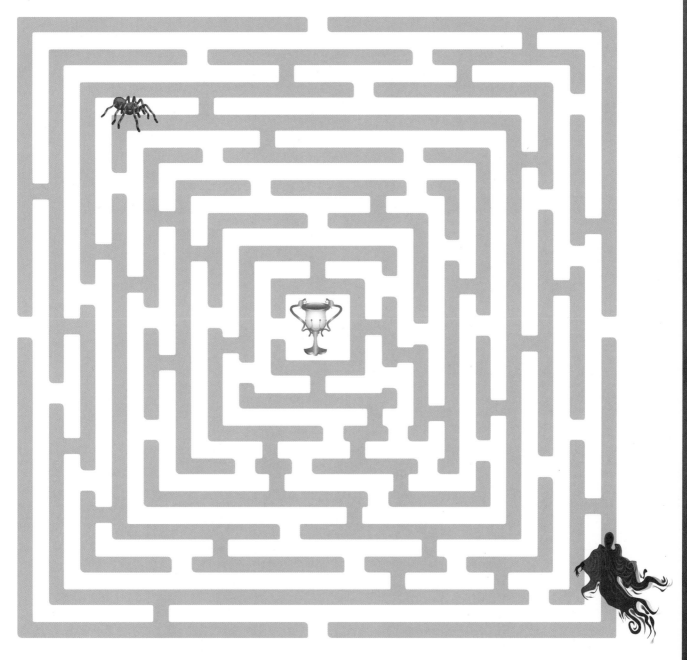

A TRICKY INSCRIPTION

Fill in the grid with the letters listed below —
in exact up-and-down order, into the columns
directly above. You'll spell out a message written
on one of Hogwarts' most notable magical objects.

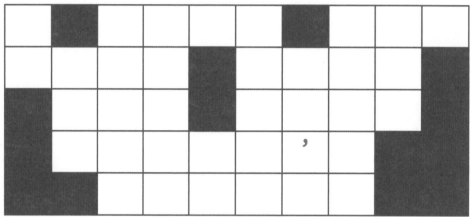

I	O	S	H	O	W	A	N	O	T
Y	B	U	R	R	F	O	C	E	
	U	T	S	Y	'	U	R		
	E	A	T	R	S				
	D	E	I	E					

FIND THE SPELLS

Hiding out in this mixture of columns and rows of letters are the names of many common — and feared — spells. Can you locate them all?

Accio

Aguamenti

Alohomora

Avada

Bombarda

Confundo

Crucio

Descendo

Engorgio

Expecto
Patronum

Impedimento

Imperio

Incendio

Kedavra

Leviocorpus

Lumos

Melofors

Obliviate

Obscuro

Petrificus

Protego

```
E A O X I Z S C S O L I B S E U U I J C
F X E D U M C U B X J M O L W S F H F G
E U P T N T P L N K R P M O E Z I V A A
Y H Y E H E I E E Y A E B A P R C Y Q N
X P L X C V C D R N Z D A O I C C A C Y
T F G M I T A S L I M I R Y D J C T O T
O Q F A Q V O U E Y O M D T B L B L N A
D R T N R O A P K D Q E A O P R E C F V
T E Y A E K O M A S P N E U B V Q L U A
I T N E M A U G A T C T Z N I S U B N D
S U C I F I R T E P R O I O G M C R D A
S J P G L U V M N D O O C N O O H U O A
C O Z G Y S E P F S U O N S C N R I R C
K K Q F F L V C E P R G H U I E G G E O
G P G U O Q Z M G P F M U H M I N Z I F
Q W U F O F L F U Z O I C U R C G D U O
E I O R H N Z S Y A E O G E T O R P I W
W R S X R Y H X K R O D E J U L C C I O
S A L O H O M O R A H T T M L O T O F N
N P O J M L Y S K H X O R E J F D Z S C
```

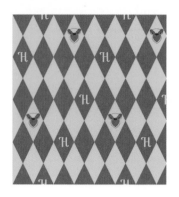

HANGING WITH HUFFLEPUFF

In this word puzzle are hidden the names of various witches and wizards assigned to Hufflepuff house during their time at Hogwarts. Can you find them all?

Cadwallader

Cedric Diggory

Ernie Macmillan

Fat Friar

Hannah Abbott

Helga

Newt Scamander

Sprout

Susan Bones

Teddy Lupin

Tonks

Woodcroft

```
I M U Z T L L P O G K V T E K T A W F W
E M C B Q L L V C T R S R Q B T G O F P
T I G W D M S Z M E L N W P S O L O Z A
R E Y R O G G I D C I R D E C B E D B S
S E D Z D Y V A L E O H D W N B H C V L
Q K D D L R L I M W O J L H A A T R D U
A P N N Y L G A P G D G H Q X H J O R G
A N D O A L C N L T D T R Q W A R F S J
L P A W T M U N D L B T R J X N X T J E
C K D T I R A P S U S A N B O N E S W F
S A E L M K I C I B V N S W Z A S Q A Z
C I L A V Z O S S N V H E Q X H S T C J
N A S R D X M V L T V O Q M R L F W D V
N X C D F X T J D J W R Q J W R W L L P
F D G Q Z K W O B W R E C U I U Q F W O
U K L V J B T E M K U C N A U K E C X D
H B E D A W X J D L R A R M Q U A Z V D
I I N J U J E G F L I Z N F D I I K W N
T I W R H X P H H W F C E G Z G O Z K L
T U O R P S Z Y C R H D M A E C D R V S
```

A MOTTO TO LIVE BY

Fill in the grid with the letters listed below — in exact up-and-down order, into the columns directly above. You'll spell out the very important motto of one of Hogwarts's best houses.

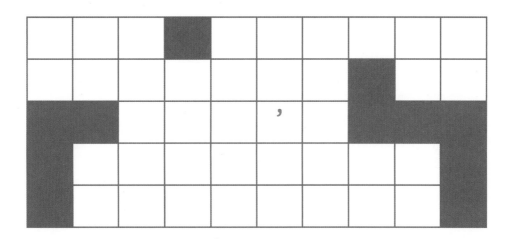

W	I	T	S	B	E	Y	O	N	D
M	E	A	A	U	R	E	S	I	S
	G	M	E	N	'	S	R	T	
	T	R	E	A	T	E	E		
	R		A	S	U				

WISE WORDS FROM A WIZENED WIZARD

Boxes connected by lines contain the same letter. We've given you some letters, which you can use to fill in some boxes. Others you'll have to figure out on your own. Once all the boxes are filled in, you'll find a lovely quote from Professor Dumbledore.

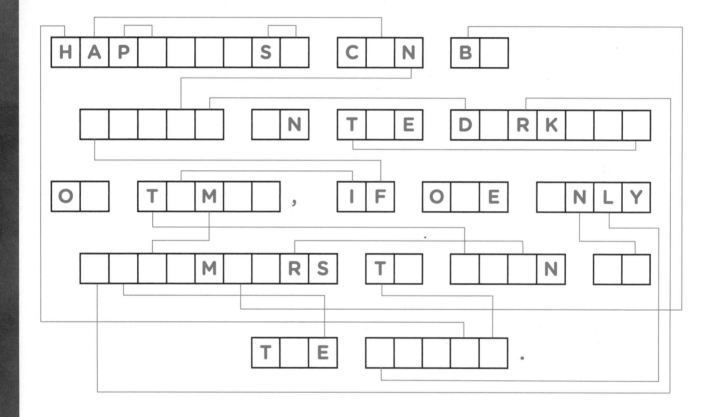

H A P   S   C N   B

        N T E   D R K

O   T M   ,   I F   O   E   N L Y

        M   R S   T   N

        T E   .

SAVE HEDWIG!

Hedwig is trapped inside the maze. Hop on your broom and follow the right path to release her!

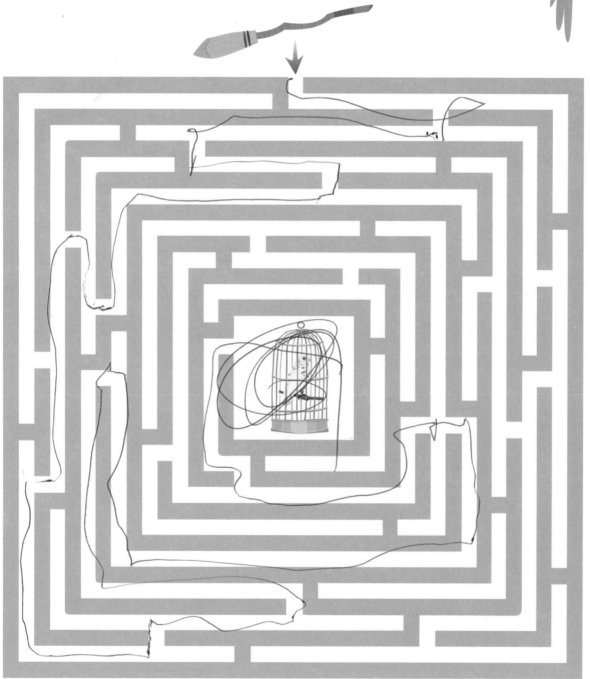

EXPECTO PATRONUM!

Color in the magpie patronus below. The magpie patronus belongs to both Fred and George Weasley.

EXTRA, EXTRA!

Every word in column B contains the same letters as a word in column A...plus one letter. Draw a line between the word "matches," and then write the extra letter on the space next to the line. Then unscramble the column of extra letters to answer this question:

What does Ron have one of, that Harry and Hermione have none of?

_____

	COLUMN A	COLUMN B
_____	Antidote	Trees
_____	Badger	Creepy
_____	The DA	Floor
_____	Seer	Stationed
_____	Percy	Deaths
_____	Floo	Brigade

EXTRA, EXTRA!

Every word in column B contains the same letters as a word in column A…plus one letter. Draw a line between the word "matches," and then write the extra letter on the space next to the line. Then unscramble the column of extra letters to answer this question:

The Dark Mark is a type of what?

_____

	COLUMN A	COLUMN B
____	Points	Leader
____	Dementor	Tearful
____	Elder	Skeeter
____	Sprout	Tormented
____	Ferula	Uproots
____	Seeker	Potion

52

EXPECTO PATRONUM!

Color in the cat patronus below. The cat patronus belongs to both Professor McGonagall and Professor Umbridge.

IT'S YOUR STORY!

Write your own wizarding story or a new ending to your favorite Hogwarts-set scene. Include at least three objects from the box to add detail to your adventure.

_____

_____

_____

_____

_____

_____

_____

_____

_____

_____

_____

_____

_____

_____

_____

_____

_____

ANSWERS

TEACHER FEATURE p6

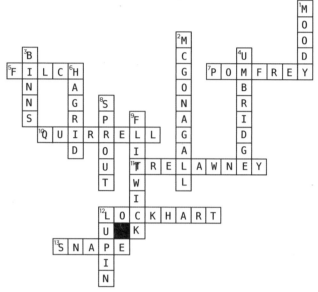

BERTIE BOTT'S EVERY FLAVOR MAZE p7

HARRY POTTER AND THE SEARCH FOR THE MISSING WORDS p8

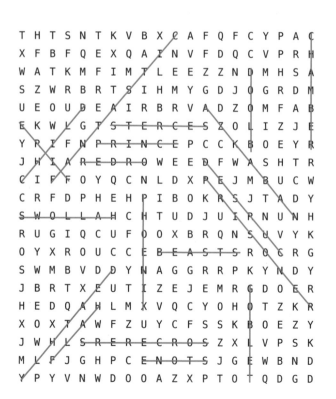

CONNECT THE DOTS: SEND A MESSAGE p9

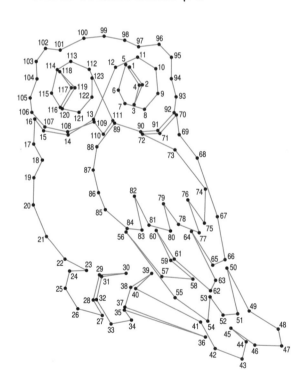

WORD LADDER p10

1. BLOOM
2. BLOOD
3. FLOOD
4. FLOOR
5. FLOUR

SQUARED UP: HOUSE GHOSTS p12

BB	GL	NN	FF
FF	NN	BB	GL
GL	BB	FF	NN
NN	FF	GL	BB

MAGICALLY DELICIOUS p13

G A H T O C S E F O C L R O
C H O C O L A T E F R O G S

T E S N W G I E G R N
G I N G E R N E W T S

D I O S A R L E N C C W I
L I C O R I C E W A N D S

L U R L U I A Q S G S S
S U G A R Q U I L L S

N E P K U C P I J I M U
P U M P K I N J U I C E

V E E V O M R E F R A S B Y L A
E V E R Y F L A V O R B E A N S

W E B G I E H I Z I F S Z Z N Z
F I Z Z I N G W H I Z Z B E E S

B U T T E R B E E R

CONNECT THE DOTS: HOUSE PROTECTOR p14

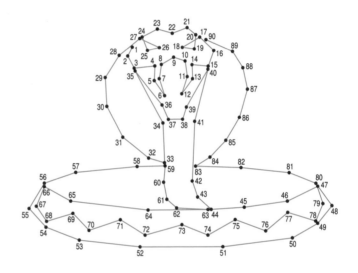

MAGICALLY PLACE THE ENCHANTED THINGS p15

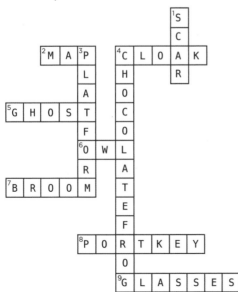

Across/Down crossword:

1. SCAR (down)
2. MAP
3. PLATFORM (down)
4. CLOAK / CHOCOLATEF... (CHOCOLATEFROG down)
5. GHOST
6. OWL
7. BROOM
8. PORTKEY
9. GLASSES

PICK YOUR POTION p16

The Polyjuice Potion is in the fourth jar from the left.

AROUND HOGWARTS p17

Crossword solution:

- 5. LIBRARY
- 7. GREATLAKE
- 9. FORBIDDENFOREST
- 4. REQUIREMENT
- 6. COMMONROOM
- 10. HOSPITALWING
- 1. GREENHOUSES (down)
- 2. LAVATORY (down)
- 3. ASTRONOMY (down)
- 8. PITCH (down)
- CLASSROOM (down)

DRAGON'S DEN p18

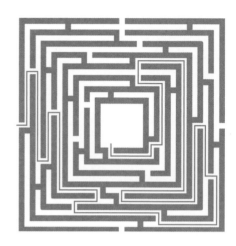

GREAT GRYFFINDORS p19

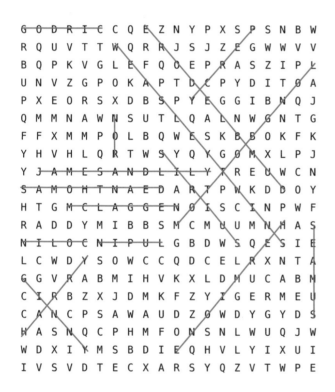

```
G O D R I C C Q E Z N Y P X S P S N B W
R Q U V T T W Q R R J S J Z E G W W V V
B Q P K V G L E F Q O E P R A S Z I P L
U N V Z G P O K A P T D C P Y D I T O A
P X E O R S X D B S P Y E G G I B N Q J
Q M M N A W N S U T L Q A L N W G N T G
F F X M M P O L B Q W E S K B B O K F K
Y H V H L Q R T W S Y Q Y G O M X L P J
Y J A M E S A N D L I L Y T R E U W C N
S A M O H T N A E D A R T P W K D D O Y
H T G M C L A G G E N O I S C I N P W F
R A D D Y M I B B S M C M U U M N H A S
N I L O C N I P U L G B D W S Q E S I E
L C W D Y S O W C C Q D C E L R X N T A
G G V R A B M I H V K X L D M U C A B M
C I R B Z X J D M K F Z Y I G E R M E U
C A N C P S A W A U D Z O W D Y G Y D S
H A S N Q C P H M F O N S N L W U Q J W
W D X I Y M S B D I E Q H V L Y I X U I
I V S V D T E C X A R S Y Q Z V T W P E
```

RADIANT RAVENCLAW p20

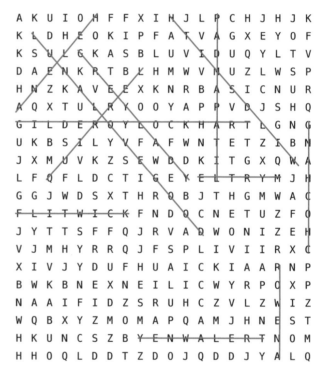

```
A K U I O M F F X I H J L P C H J H J K
K L D H E O K I P F A T V A G X E Y O F
K S U L G K A S B L U V I D U Q Y L T V
D A E N K R T B L H M W V M U Z L W S P
H N Z K A V E E K N R B A S I C N U R
A Q X T U L R Y O O Y A P P V D J S H Q
G I L D E R O Y L O C K H A R T L G N G
U K B S I L Y V F A F W N T E T Z I B N
J X M U V K Z S E W D D K I T G X Q W A
L F Q F L D C T I G E Y E L T R Y M J H
G G J W D S X T H R Q B J T H G M W A C
F L I T W I C K F N D O C N E T U Z F O
J Y T T S F F Q J R V A D W O N I Z E H
V J M H Y R R Q J F S P L I V I I R X C
X I V J Y D U F H U A I C K I A A R N P
B W K B N E X N E I L I C W Y R P O X P
N A A I F I D Z S R U H C Z V L Z W I Z
W Q B X Y Z M O M A P Q A M J H N E S T
H K U N C S Z B Y E N W A L E R T N O M
H H O Q L D D T Z D O J Q D D D J Y A L Q
```

SQUARED UP: SORT WITH THE SORTING HAT p21

S	H	G	R
R	G	H	S
G	R	S	H
H	S	R	G

BAD GUYS (AND GALS) p22

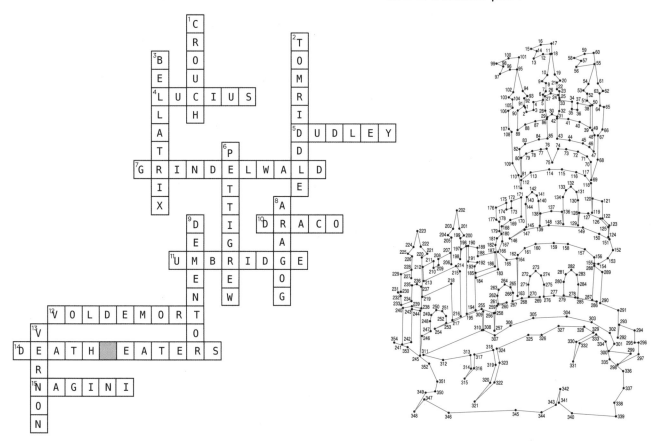

CONNECT THE DOTS: HOGWARTS p24

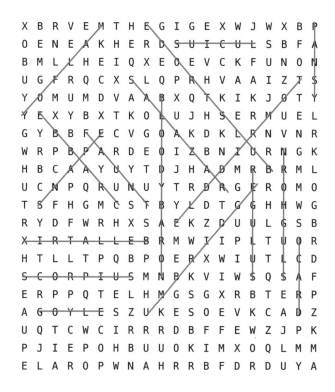

GET INTO GRINGOTTS p25

Official Hogwarts Classes: Xylomancy, Magical Theory, Study of Ancient Ruins, Transfiguration, Divination, Alchemy, Defense Against the Dark Arts. Total number of items = 7

Children of Lucius and Narcissa Malfoy: Draco Malfoy. Total number of items = 1

Deathly Hallows: Invisibility Cloak, Resurrection Stone, Elder Wand. Total number of items = 3

Gringotts vault number: 713

SEEK OUT THE SLYTHERINS p26

X B R V E M T H E G I G E X W J W X B P
O E N E A K H E R D S U I C U L S B F A
B M L H E I Q X E O E V C K F U N O N N
U G F R Q C X S L Q P R H V A A I Z T S
Y O M U M D V A B X Q T K I K J O T Y
Y E X Y B X T K O L U J H S E R M U E L
G Y B B F E C V G O A K D K L R N V N R
W R P B P A R D E O I Z B N I U R N G K
H B C A A Y U Y T D J H A D M R B R M L
U C N P Q R U N U Y T R D R G E R O M O
T S F H G M C S F B Y L D T G G H H W G
R Y D F W R H X S A E K Z D U U L G S B
X I R T A L L E B R M W I I P L T U O R
H T L L T Q B P O E R X W I U T L C D
S C O R P I U S M N B K V I W S Q S A F
E R P P Q T E L H M G S G X R B T E R P
A G O Y L E S Z U K E S O E V K C A D Z
U Q T C W C I R R R D B F F E W Z J P K
P J I E P O H B U U O K I M X O Q L M M
E L A R O P W N A H R R B F D R D U Y A

SNAPE SAYS... p28

The words left are: Werewolves, Vampire, Giants, Goblins, Trolls, Unicorns, Centaurs, and Shapeshifters. They're all magical or mythical creatures in the *Harry Potter* universe (which also existed in books and movies *before* the *Harry Potter* series came along).

SPELL THE SPELLS p30

1. G
2. R
3. I
4. N
5. G
6. O
7. T
8. T
9. S

It spells out "Gringotts."

MAGIC STUFF p31

CONNECT THE DOTS: FRIENDLY FIGURES p29

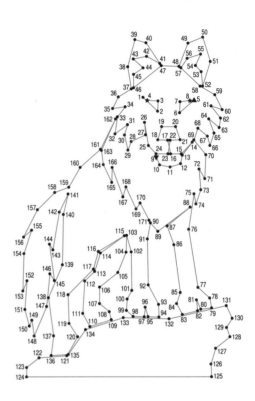

CATCH THE HOGWARTS TRAIN! p32

GILDEROY'S GAMBIT p33

1. Harry
2. Longbottom
3. Fred and George
4. Snape
5. Oliver Wood
6. Sprout
7. Binns
8. Sorting Hat
9. Nearly Headless Nick
10. Mirror of Erised

FANTASTIC BEASTS (AND HERE'S WHERE TO FIND THEM) p34

```
D Z M V O O F F Y E E S C E S
G R C U B G L D L Z W D S U H
P M I B R A I K O O T I W X S
N P T B C T C W O X U G Y L R
X S A N R U L P Y G Y I H E R
Z G O J R E I A I L L C P Y N
S O H T U N D M P W L O S I B
M L W X G W E N A K O I F D W
C O O E M D Q R U W S F B I R
B X V O Z Y C K F H L Y B B P
G I O K M I J Z W E T K B C B
L L A A R B S V R U D N U N A
X B C I Q E R U M P A N T I B
Q C D B W A B Z U W G N Y D P
O K A Z P V V S R H K B I G C
```

JOKE SHOP MATH p35

1. $1.30
2. $6
3. $7
4. $11
5. $12
6. $18
7. $20
8. $24
9. $40
10. $42.12
11. $60

SQUARED UP: THE WEASLEYS p37

I	G	A	F	P	M	R	C	B
B	F	P	C	A	R	M	I	G
C	M	R	B	I	G	F	A	P
M	C	I	R	G	A	P	B	F
F	A	G	P	B	I	C	R	M
P	R	B	M	C	F	A	G	I
G	I	M	A	F	C	B	P	R
A	P	F	G	R	B	I	M	C
R	B	C	I	M	P	G	F	A

CONNECT THE DOTS: BRAVERY p38

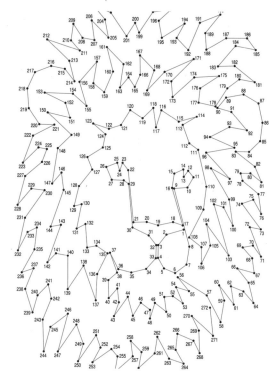

WORD LADDER p39

1. SOAR
2. ROAR
3. ROAM
4. ROOM

EXTRA, EXTRA! p40

Sort all — Trolls
Confundo — Confounds
Draco — Coward
Bats — Boats
Leaves —Reveals
Argus — Guards

Extra Letters:
A-S-W-O-R-D

COLOR CLUE p41

1. Red
2. Brown
3. Yellow
4. Black
5. Silver

MIDDLE NAMES p42

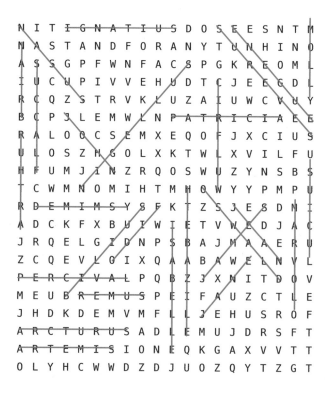

Answer:
It doesn't stand for anything

THE THIRD TASK MAZE p43

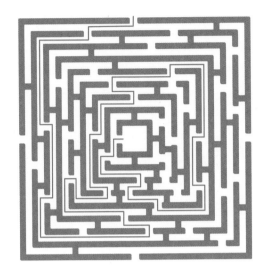

A TRICKY INSCRIPTION p44

I		S	H	O	W		N	O	T
Y	O	U	R		F	A	C	E	
	B	U	T		Y	O	U	R	
H	E	A	R	T	'	S			
	D	E	S	I	R	E			

FIND THE SPELLS p45

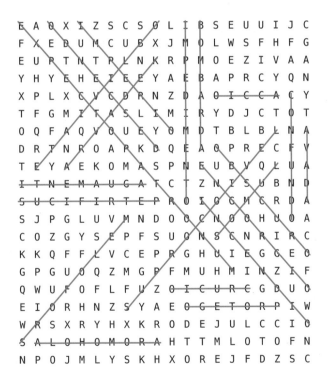

HANGING WITH HUFFLEPUFF p46

A MOTTO TO LIVE BY p47

W	I	T		B	E	Y	O	N	D
M	E	A	S	U	R	E		I	S
		M	A	N	'	S			
	G	R	E	A	T	E	S	T	
	T	R	E	A	S	U	R	E	

WISE WORDS FROM A WIZENED WIZARD p48

"Happiness can be found in the darkest of times, if one only remembers to turn on the light."

SAVE HEDWIG! p49

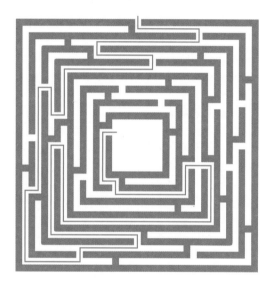

EXTRA, EXTRA! p51

Antidote — Stationed

Badger — Brigade

The DA — Deaths

Seer — Trees

Percy —Creepy

Floo — Floor

Extra Letters:
S-I-S-T-E-R

EXTRA, EXTRA! p52

Points — Potion

Dementor — Tormented

Elder — Leader

Sprout — Uproots

Ferula —Tearful

Seeker — Skeeter

Extra Letters:
T-A-T-T-O-O